Opracowanie graficzne: **Joanna Plakiewicz**

Redakcja: **Bożena Chicińska**

ISBN 978-83-7141-703-0

Wydawnictwo REA s.j.
01-217 Warszawa
ul. Kolejowa 9/11
tel.: 0-22 632 69 03, 0-22 632 68 82, 0-22 631 94 23,
    0-22 632 17 57 w. 163
fax: 0-22 632 21 15
e-mail: handlowy@rea-sj.pl
www.rea-sj.pl

Skład i łamanie: **69 - Studio Reklamy, Olsztyn**

Druk i oprawa: **LCJ**

Spis treści

Niniejsze wydanie „Rozmówek" stanowi publikację przygotowaną specjalnie dla osób wyjeżdżających na Wyspy Brytyjskie w poszukiwaniu pracy. „Rozmówki" zawierają porady praktyczne: gdzie i jak szukać pracy, jak formułować swoją ofertę oraz CV, ale przede wszystkim przygotowują do rozmów w agencjach i biurach pośrednictwa pracy, a także co najważniejsze, do rozmów z pracodawcą. „Rozmówki" nie ograniczają się do podstawowych pytań i zwrotów, używanych podczas rozmowy kwalifikacyjnej, są ukierunkowane na różne branże i zawody. To pozwoli korzystającym z „Rozmówek" właściwie przekazywać i odbierać istotne informacje podczas rozmów w sprawie pracy.

Wzorem popularnych publikacji wprowadziliśmy w „Rozmówkach" uproszczoną transkrypcję fonetyczną. Naukowa transkrypcja za pomocą znaków specjalnych jest nieczytelna dla osób nie posiadających filologicznego wykształcenia. Z tego względu staraliśmy się możliwie poprawnie oddać brzmienie słów angielskich za pomocą polskich liter i ich wartości dźwiękowych.

W wymowie zaznaczyliśmy główny akcent wyra-
zów, stawiając przed sylabę akcentowaną znak
przypominający apostrof
Np: apply /e'plaj/, akcent pada na sylabę plaj.

Mamy nadzieję, że „Rozmówki" pomogą Państwu
w poszukiwaniu i zdobywaniu pracy na terenie
Anglii i Irlandii.

Jak znaleźć pracę w Wielkiej Brytanii?

Z dniem 1 maja 2004 roku wobec obywateli polskich został zniesiony obowiązek posiadania wiz przy wyjeździe do krajów Unii Europejskiej i Ekonomicznego Obszaru Gospodarczego. Polacy podróżujący do krajów UE i EOG przekraczają granice na podstawie paszportu lub dowodu osobistego. Przed wyjazdem należy upewnić się, czy posiadany paszport będzie ważny przez conajmniej 3 następne miesiące, natomiast dowód osobisty przez conajmniej 6 miesięcy.

Osoby podejmujące pracę w Wielkiej Brytanii powinni zarejestrować się, jeśli zamierzają pracować dłużej niż miesiąc. Wniosek o rejestrację należy złożyć po podjęciu pracy. Jeżeli osoba podejmujaca pracę nie złoży wniosku w ciągu miesiąca, bedzie traktowana jako osoba zatrudniona nielegalnie.

SKŁADANIE WNIOSKU

Należy wypełnić **formularz WRS (Worker Registration Scheme - Program Rejestracji Pracowników).** Formularz ten jest dostępny na stronie www.workingintheuk.gov.uk.

W przypadku składania wniosku po raz pierwszy osoba powinna przesłać:

- pismo od pracodawcy potwierdzające fakt zatrudnienia;
- 2 zdjęcia paszportowe;
- dowód osobisty;
- opłatę wynoszącą 50 funtów (najszybszą formą płatności jest przekaz pocztowy).

Formularz należy przesłać (najbezpieczniej listem poleconym – **Recorded Delivery** bądź **Special Delivery**) do:

> **Worker Registration Team
> Home Office
> Walsall Road
> Cannock WS11 0WS
> UK**

Home Office
jest odpowiednikiem
*polskiego **MSWiA***
(Ministerstwa Spraw
Wewnętrznych
i Administracji).

Gdy wniosek zostanie rozpatrzony pozytywnie, wnioskodawca otrzyma pocztą następujące dokumenty:
- kartę rejestracji;
- zaświadczenie o rejestracji;
- dowód osobisty.

W przypadku odrzucenia wniosku, wnioskodawca otrzyma pismo odmowne, dowód tożsamości oraz opłatę.

Nie muszą rejestrować się te osoby, które:
- pracowały legalnie przed 1 maja,
- świadczą usługi pracodawcy, który ma siedzibę poza Wielką Brytanią,

- prowadzą działalność gospodarczą,
- pracują sezonowo.

Osoby prowadzące działalność gospodarczą powinny zarejestrować się w Urzędzie Podatkowym, dzwoniąc pod numer **0845 915 4515**. Za opieszałość grozi grzywna wynosząca 100 funtów.

Polacy, podejmujący pracę w Wielkiej Brytanii, mają te same prawa co obywatele brytyjscy w zakresie dostępu do pracy, wynagrodzeń i warunków zatrudnienia. Pracownicy między 18 a 21 rokiem życia mogą otrzymać minimalne wynagrodzenie, tj. 3,8 funta na godzinę. Pracownicy powyżej 22 lat mogą otrzymać 4,5 funta za godzinę. Od 1 września 2004 stawki wzrosną: odpowiednio do 4,10 i 4,85 funta. Większość pracodawców oczekuje świadczenia pracy przez 37,5 godzin tygodniowo i zapewnia 4 tygodnie płatnego urlopu rocznie (w przypadku pracowników rolnych 22 dni). Pracownikom należy się również 11 godzin nieprzerwanego odpoczynku na dobę, przerwa, gdy pracują więcej niż 8 godzin, oraz dzień wolny w tygodniu.

Dużo ofert pracy można znaleźć w prasie i na stronach internetowych
(www.monster.co.uk, www.jobsite.co.uk,
www.thebestjobs.co.uk, www.britishjobs.net,
www.topjobs.co.uk, www.jobsin.co.uk,
www.jobs4.info)
jednak poszukiwanie zatrudnienia nie powinno
się do tego ograniczać. Złóż swoją ofertę w prasie
albo skorzystaj z pomocy brytyjskiego publicznego
urzędu zatrudnienia (www.jobcentreplus.gov.uk)
oraz agencji pośrednictwa pracy.
Agencje zatrudnienia stanowią istotne źródło ofert
prac. Agencji tych należy szukać pod hasłem
Employment Agencies bądź **Personnel Consultancies** w internetowych wyszukiwarkach Yellow
Pages bądź książkach telefonicznych.
Dobrym źródłem ofert dla poszukujących pracy
są dzienniki: np. „The Guardian" www.jobsunlimited.co.uk, „The Independent" www.independent.co.uk, „The Times" www.the-times.co.uk, „The
Daily Telegraph" www.appointments-plus.co.uk.
Nie zapominaj, że warto nawiązać kontakt z potencjalnym pracodawcą jeszcze w Polsce, co
umożliwiają serwisy pośrednictwa pracy, np. Eures
(www.europa.eu.int/eures). Ponadto ofertami pracy

dysponują wojewódzkie urzędy pracy (www.pra-ca.gov.pl). Dzięki nim można znaleźć zatrudnienie w Wielkiej Brytanii, nie wyjeżdżając z Polski.

Jak znaleźć pracę w Irlandii?

Irlandia podobnie jak Wielka Brytania zezwa-la bez ograniczeń na zatrudnienie na swoim terytorium obywateli nowych państw człon-kowskich. Pamiętaj: Polacy wyjeżdżający do Irlandii przekraczają granicę na podstawie paszportu.
*Jeśli zamierzasz pracować dłużej niż 3 mie-siące, opłaca się – choć nie jest to konieczne – uzyskać zgodę na pobyt czasowy (**residen-ce permit**).*

JAK UBIEGAĆ SIĘ O ZGODĘ NA POBYT CZASOWY

- *Jeśli przebywasz w Dublinie, złóż podanie w Immigration Office.*

- *Jeśli przebywasz poza stolicą, udaj się do lokalnego posterunku policji (Garda Station).*

- *Weź z sobą ważny paszport bądź dowód osobisty i dokumenty potwierdzające zatrudnienie.*

- *Odpowiedź powinieneś otrzymać w ciągu 6 miesięcy od złożenia wniosku.*

Polakom podejmującym pracę w Irlandii przysługują w pełnym zakresie prawa pracownicze oraz obowiązujące tam warunki zatrudnienia.

Minimalne wynagrodzenie dla osoby dorosłej wynosi 7 euro na godzinę.

Maksymalny tygodniowy czas pracy wnosi 48 godzin, w rzeczywistości pracuje się w tygodniu przeciętnie 39 godzin.

Pracodawca zapewnia 4 tygodnie płatnego urlopu rocznie, po przepracowaniu około 170 ośmiogodzinnych dni pracy.

Pracownikom należy się również 11 godzin nieprzerwanego odpoczynku na dobę oraz jeden dzień wolny w tygodniu.

POSZUKIWANIE PRACY

Najlepszym rozwiązaniem byłoby znaleźć angielskiego lub irlandzkiego pracodawcę jeszcze przed wyjazdem z Polski. W tym celu możesz zamieścić swoje CV na stronie EURES (www.europa.eu.int/eures), gdzie będą mieli do niego dostęp pracodawcy z całej Europy; strona umożliwia też odpowiadanie na oferty.

Informacji o ofertach szukaj za pośrednictwem polskich wojewódzkich urzędów pracy (www.praca.gov.pl); na stronie irlandzkiego Ministerstwa przedsiębiorczości, Handlu i Zatrudnienia (Department of Enterprise, Trade and Employment) www.entemp.ie; na irlandzkiej stronie rządowej www.oasis.gov.ie; na stronach irlandzkich urzędów zatrudnienia: www.fas.ie, www.irishjobs.ie oraz na portalach z ofertami pracy: www.stepstone,ie, www.monster.ie, www.topjobs.ie, www.recrtuitireland.ie, www.jobs4u.ie. Dobre źródło ofert stanowi również prasa irlandzka: „Irish Examiner" http://www.examiner.ie, „Irish Independent" http://www.unison.ie/irish_independent, „Irish Times" http://www.ireland.com, „Sunday Business Post" http://www.sbpost.ie, „Sunday Tribune" http://www.tribune.ie.

Cv and a letter of application
Życiorys i list motywacyjny

Przygotuj CV według norm europejskich (wypełnione po angielsku), którego wzór można ściągnąć ze strony CEDEFOB (European Centre for the

Development of Vocational Training)
http://www.cedefop.eu.int. Powiel dokument nawet
kilkanaście razy. Szukanie pracy to często długi
proces. Zanim znajdziesz pracę, prawdopodobnie
odwiedzisz wielu potencjalnych pracodawców,
którym zostawisz swoje CV.
W odpowiedzi na ofertę często wysyła się też
list motywacyjny. Napisz, o jakie stanowisko się
ubiegasz, dlaczego uważasz się za odpowiednie-
go kandydata na to stanowisko. Przedstaw, co
możesz zaoferować pracodawcy.

Writing a letter of application
Pisanie listu motywacy nego

To begin a letter of application -
Jak rozpocząć list

I am w iting to apply for the position of ......
advertised in .....

Pragnę złożyć swoją propozycję pracy na
stanowisku ...... w nawiązaniu do państwa
oferty ogłoszonej w ......

With this letter I would like to express my interest in working for ....../ as a ......

Niniejszym pragnę wyrazić zainteresowanie pracą w ....../ na stanowisku ......

Work history/qualifications -
Przebieg pracy/kwalifikacje

I graduated from ......

Ukończyłem/am ......

I attend ......

Uczęszczam do ......

I am due to take my final examination in ......

W ...... będę przystępować do egzaminów końcowych

I was awarded a degree/diploma in ......

Posiadam stopień/dyplom z ......

At present I am employed as a ...... in ......

Obecnie jestem zatrudniony/a jako ......
w ......

From ...... to ...... I was employed
as a ...... by ......

Od ...... do ...... byłem/byłam zatrudniony/a
jako ...... przez .....

During that time I held a position of .....

W tym czasie pełniłem/am obowiązki .....

My duties included .....

W zakres moich obowiązków wchodziło .....

To end a letter
Jak zakończyć list

Please find enclosed my CV and references
from ......

Załączam życiorys i referencje od ......

I would be available for an interview with you
at your convenience

Chętnie przyjdę na rozmowę w dogodnym
dla państwa czasie.

I am looking forward to hearing from you soon

Czekam na odpowiedź od pana/pani/państwa

Please contact me regarding any queries you may have

Proszę o kontakt w przypadku jakichkolwiek pytań.

Uniwersalne zwroty ułatwiające porozumiewanie się

- Could you say that again, please?
Kud ju sej det e'gen pliz
Czy może to pan/i powtórzyć?

- Could you spell it, please?
Kud ju spel it pliz
Czy może to pan/i przeliterować?

- I am sorry but I don't understand
Ajm 'sori bat aj dełnt ande'stend
Przepraszam, ale nie rozumiem.

- Could you speak slower, please?
Kud ju spik 'slełe pliz
Czy może pan/i mówić wolniej?

- Could you write that down, please?
Kud ju rajt det dałn pliz
Czy może to pan/i napisać?

- Could you explain more?
  Kud ju ik'splejn mo
  Czy może to pan/i wytłumaczyć?

Looking for job ads
Poszukiwanie ofert pracy

- Excuse me, which local newspapers have an
  employment section/ job ad pages?
  *ik'zjuz mi licz 'lełkal 'njuspejpez hew en
  im'plojment 'sekszyn/dżob ed 'pejdżiz*
  Przepraszam, które regionalne gazety zawierają
  dodatek z ogłoszeniami o pracy?

- Do you have journals or/and newsletters
  advertising job openings?
  *du ju hew 'dżenalz o/end 'njuzletez ed'wertajzin
  dżob 'ełpeninz*
  Czy ma pani/i czasopisma bądź/i biuletyny
  z ofertami prac?

Umieszczanie ogłoszenia o pracę

- Can I place a job ad?
  ken aj plejs e dżob ed
  Czy mogę zamieścić moje ogłoszenie o pracy?

- What is the cost of placing a job ad?
  łot iz de kost ew 'plejsin e dżob ed
  Ile kosztuje zamieszczenie ogłoszenia o pracę?

- What days would it be best to run the ad?
  łot dejz łud it bi best tu ran di ed
  W jakich dniach najlepiej zamieścić ogłoszenie?

- Is the ad billed by the word/line?
  Iz de ed bild baj de łed/lajn
  Czy płaci się od słowa/linijki?

- What is the rate per word/line?
  łot iz de rejt pe łed/lajn
  Jaka jest opłata za słowo/linijkę?

- How long does it take for the job to be posted?
  hał lon dez it tejk fe de dżob to bi 'połstid
  Ile czasu upłynie zanim pojawi się ogłoszenie?

- **How much is my ad going to cost?**
  hał macz iz maj ed 'gełin tu kost
  Ile będzie kosztowało moje ogłoszenie?

- **How long will this ad run?**
  hał lon til dis ed ran
  Ile razy ukaże się to ogłoszenie?

- **Will my ad also appear online?**
  til maj ed 'olseł e'pjer 'onlajn
  Czy moje ogłoszenie ukaże się również
  w wydaniu elektronicznym waszej gazety?

- **I want bold borders/ special headlines/bullets**
  aj tont bełd 'bodez/'speszel 'hedlajnz/'bulits
  Chciałbym wytłuszczone kontury/specjalne
  nagłówki/wypunktowanie.

- **I want to add color/ second color**
  aj tont tu ed 'kale/'sekend 'kale
  Chciałbym dodać kolor/drugi kolor.

- **I want to place a larger/smaller ad**
  aj tont tu plejs e 'ladże/'smoler ed
  Chciałbym umieścić większe/mniejsze
  ogłoszenie.

■ I want this part/the ad capitalized/italicized/
  underlined/boldfaced
  *aj łont dis pat/di ed 'kepitelajzd/i'telisajzd/
  ande'lajnd/bełld'fejst*
  Chciałbym aby ta część/całe ogłoszenie
  wydrukowane było wielkimi/podkreślonymi/
  pochyłymi/wytłuszczonymi literami.

■ I want this ad in a box
  aj łont dis ed in e boks
  Chciałbym umieścić to ogłoszenie w ramce.

■ What is the cost per week/two weeks?
  łot iz de kost per łik/tu łiks
  Jaka jest cena za tydzień/dwa tygodnie?

■ Where shall I place the content of the ad?
  łe szal aj plejs de 'content ew di ed
  W którym miejscu mam wpisać treść ogłoszenia?

At an employment agency
W agencji zatrudnienia

*Agencje pracy nie pobierają opłat za swe usługi.
Może się jednak zdarzyć, że agencje niekie-
dy pobierają opłaty za koszty administracyjne,
badania lekarskie bądź szkolenia. Zwykle jednak*

powyższe opłaty powinny być uiszczane przez pracodawcę.

■ **What is your profession?**
łot iz ju pre'feszyn
Jaki jest pana/i zawód?

■ **Can you please fill in the registration form?**
ken ju pliz fil in de redżi'strejszen fom
Czy może pan/i wypełnić ankietę rejestracyjną?

■ **What type of job are you looking for?**
łot tajp ew dżob e ju 'lukin fe
Jakiego rodzaju pracy szuka pan/i?

- full time
  ful tajm
  na pełen etat
- part time
  pat tajm
  na niepełny etat
- temporary
  'tempereri
  tymczasowy
- permanent
  'pemenent
  stały

- seasonal
  'sizenel
  sezonowy
- on call
  on kol
  na telefon
- holiday
  'holedej
  wakacyjna
- odd
  od
  dorywcza

- **What schools have you graduated from?**
  łot skulz hew ju 'gredżuejtid frem
  Jakie szkoły ukończył/a pan/i?

- **What certificates do you have?**
  łot se'tifikets du ju hew
  Jakie pan/i posiada dyplomy?

- **What trainings do you have?**
  łot 'trejninz du ju hew
  Jakie odbył/a pan/i szkolenia?

- **What qualifications do you have?**
  łot kłolifi'kejszynz du ju hew
  Jakie ma pan/i kwalifikacje?

- **Have you ever been convicted?**
  hew ju 'ewe bin ken'wiktid
  Czy był/a pan/i kiedykolwiek karany/a?

- **What is your permanent address and telephone number?**
  łot iz ju 'pemenent e'dres end 'telifełn 'nambe
  Jaki jest pana/i stały adres i numer telefonu?

- **What means of transport do you have?**
  łot minz ew 'trenspot du ju hew
  Jakim środkiem transportu pan/i dysponuje?

■ Are you willing to work outside town/region?
e ju 'tilin tu łek out'sajd tałn/'ridżen
Czy może pan/i pracować poza miastem/rejonem?

■ Are you willing to relocate?
e ju 'tilin tu rileł'keit
Czy jest pan/i gotowy/a do zmiany miejsca
zamieszkania?

■ Would you be willing to move to be closer to your
workplace?
łud ju bi 'tilin tu muw tu bi 'klołse tu ju 'łekplejs
Czy jest pan/i gotowy/a do przeprowadzenia się
bliżej miejsca pracy?

■ Do you have any scheduling constraints? (childcare/
family obligations)
*du ju hew 'eni 'szedjulin ken'strejnts ('czajldke/
'femli obli'gejszenz)*
Czy ma pan/i jakieś ograniczenia dotyczące godzin
pracy? (opieka nad dzieckiem/zobowiązania
rodzinne)

■ Would you work evenings/nights/weekends/
overtime?
łud ju łek 'iwninz/najts/'likendz/'ełwetajm
Czy gotów/gotowa jest pan/i pracować wieczorami/
nocami/w weekendy/po godzinach?

- Are you able to travel as part of your job?
  e ju 'ejbel tu 'trewel ez pat ew ju dżob
  Czy gotów/gotowa jest pan/i na podróże w ramach pracy?

- What minimum salary/wages would you accept?
  łot 'minimem 'seleri/'łejdżiz łed ju ek'sept
  Jaką minimalną stawkę pan/i przyjmie?

Questions you may ask:
Pytania, jakie możesz zadać:

- What type of part-time/full-time vacancies are there on offer?
  łot tajp ew pat tajm/ful tajm 'wejkensiz e der on 'ofe
  Jakie macie oferty prac pełnoetatowych/ niepełnoetatowych?

- What is the average that I would be paid for the position?
  łot iz de 'eweridż det aj łud bi pejd fe de pe'ziszen
  Ile będę średnio zarabiał/a na tym stanowisku?

- What services do you offer?
  łot 'sewisiz du ju 'ofe
  Jakie usługi oferujecie?

■ Could you confirm this in writing?
kud ju ken'fem dis in 'rajtin
Czy możecie to potwierdzić na piśmie?

■ Can I discuss the agreement with my husband/
wife/family/lawyer?
*ken aj di'skas di e'griment łiw maj 'hazbend/łajf/
'femli/'loje*
Czy mogę przedyskutować to
z mężem/żoną/rodziną/prawnikiem?

■ Can you give me advice on raising qualifications?
ken ju giw mi ed'wajs on 'rejzing kłolifi'kejszynz
Czy możecie coś doradzić o możliwości
podnoszenia kwalifikacji?

■ Can you provide me with information on the
company/position?
*ken ju pre'wajd mi łiw infe'mejszen on de 'kampeni/
pe'ziszen*
Czy możecie dostarczyć mi informacji na temat tej
firmy/stanowiska?

I would like to apply for the job of a .....
aj łud laik tu e'plaj fe de dżob ew e .....
Chciałbym/chciałabym ubiegać się o pracę .....

- factory worker
  'fekteri 'łeke
  pracownik fabryki

- barman
  'bamen
  barman

- telephonist
  te'lefenist
  telefonistka

- waiter/waitress
  'łejte/'łejtres
  kelner/ka

- cook
  kuk
  kucharz

- salesman
  'sejlzmen
  sprzedawca

- bus/taxi/
  lorry driver
  *bas/'teksi/
  'lori 'drajwe*
  kierowca autobusu/
  taksówki/ciężarówki

- bricklayer
  'brikleje
  murarz

- plumber
  'plame
  hydraulik

- car mechanic
  ka mi'kanik
  mechanik
  samochodowy

- pizza deliverer
  'pitse di'liwere
  dostawca pizzy

- housekeeper
  'hałskipe
  pomoc domowa

- warehouse worker
  'łehałz 'łeke
  pracownik magazynu

- janitor
  'dżenite
  woźny

- nanny
  'neni
  opiekunka
  do dziecka

- secretary
  'sekreteri
  sekretarka

- welder
  'łelde
  spawacz

- nurse
  nes
  pielęgniarka

- gardener
  'gadne
  ogrodnik

- cleaner
  'kline
  sprzątaczka

- carpenter
  'kapente
  cieśla

Często nie wystarczy jedynie złożyć podanie o pracę elektronicznie lub tradycyjną pocztą. Warto zadzwonić do przyszłego pracodawcy, by upewnić się, że twoja aplikacja dotarła, i uzyskać bezpośredni kontakt z pracodawcą.

■ Hello, this is ..... calling for .....
he'leł dis iz ..... 'kolin fe .....
Dzień dobry. Moje nazwisko ..... dzwonię do pana/
i .....

■ I'm phoning in reply to advertisement in .....
*ajm 'fełnin in ri'plaj tu ed'wetisment
in .....*
Dzwonię w odpowiedzi na ogłoszenie w .....

■ Are you still accepting applicants?
e ju stil ek'septin 'eplikents
Czy państwo nadal przyjmujecie kandydatów?

■ I am calling about the job.
ajm 'kolin e'bałt de dżob
Dzwonię w sprawie pracy.

■ Is it still open/ is the position still available?
  iz it stil 'ełpen/iz the pe'ziszen stil e'wejlebel
  Czy oferta jest nadal aktualna?

■ I'm interested in the job/opening
  ajm 'intristid in de dżob/ 'ełpenin
  Jestem zainteresowany/a pracą.

■ I'd like to meet with you to further discuss my qualifications for the position.
  ajd lajk tu mit łiw ju tu 'fede di'skas
  maj kłolifi'kejszenz fe de pe'ziszen
  Chciałbym się z państwem spotkać, by przedstawić państwu moje kwalifikacje.

■ May I know if the job is open for part-timers?
  mej aj neł if de dżob iz 'ełpen fe pat 'taimez
  Czy jest to praca dostępna także dla osób chcących się zatrudnić na niepełnym etacie?

■ Where is the exact location of your .....
  łer iz di ig'zekt leł'kejszen ew ju .....
  Gdzie dokładnie mieści się państwa .....

- Could I have more information regarding the position?
  kud aj hew mor infe'mejszen
  ri'gadin de pe'ziszen
  Czy mogę dowiedzieć się czegoś więcej o stanowisku?

- What does this job entail?
  łot dez dis dżob in'tejl
  Z czym wiąże się praca?

- What will my responsibilities be?
  łot łil maj responsi'bilitiz bi
  Jakie będą moje obowiązki?

- When is the closing date?
  łen iz de 'klełzin dejt
  Kiedy upływa termin składania zgłoszeń?

Example 1
Przykład 1

"Hello Ms/Mr. ..... . My name is ..... .
I'm interested in your company because I'm looking for a job in ..... . I have ..... years of experience in this field and would like to meet with you to discuss employment possibil ties.

he'leł miz/'miste ..... maj nejm iz .....
ajm 'intrestid in ju 'kampeni bi'koz ajm 'lukin fer
e dżob in ..... aj hew ..... jez ew ik'spjeriens in dis
fild end wed lajk tu mit łiw ju tu di'skas im'plojment
posi'bilitiz

„Dzień dobry pani/panie ..... . Nazywam się ..... .
Jestem zainteresowany/a państwa firmą,
ponieważ poszukuję pracy w .....
Mam ..... lat doświadczenia na tym stanowisku
i chciałbym/chciałabym się spotkać z państwem
w celu przedyskutowania możliwości zatrudnienia"

Example 2
Przykład 2

"I know that you don't have any vacancies now/
that you've just gone through a recruitment
process, but I was wondering if I could meet with
you anyway, just in case a position opens up?"

aj neł det ju dełnt hew 'eni 'wejkensiz nał/det
juw dżast gon fru e ri'krutment 'prełses bet aj łez
'łanderin if aj kud mit łiw ju 'eniłej dżest in kejs e
pe'ziszen 'ełpenz ap

„Wiem, że nie macie państwo teraz żadnych
wakatów/ że zakończyliście już państwo rekrutację/
, ale czy nie mógłbym się z państwem spotkać
w razie zwolnienia stanowiska?"

Example 3
Przykład 3

"Thank you for your help. What is the next step in the hiring process? When should I follow up with you?"

fenk ju for ju help. łot iz de nekst step in de 'hajerin 'prełses. łen szud aj 'foleł ap łiw ju

„Dziękuję za państwa pomoc.
Jak wygląda dalszy etap procesu zatrudnienia?
Kiedy powinienem się
z państwem skontaktować?"

At job interwiew
W czasie rozmowy kwalifikacyjnej

Rozmowy nie możesz zaczynać od pytania o zarobki i czas pracy. O pensję i warunki zatrudnienia zapytaj, kiedy już wiesz, na czym będzie polegała twoja pracy i jakie są wymagania pracodawcy.

Introducing yourself
Przedstawienie się

■ I am a ..... with many years of experience.
ajm e ..... łiw 'meni jez ew ik'spjeriens
Jestem ..... z wieloletnim doświadczeniem.

■ I've come about the ad in the ..... for .....
ajw kam e'baut di ed in de ..... fe .....
Przyszedłem w sprawie ogłoszenia
w ..... o .....

■ The position seems to fit very well with my
education/ experience
*de pe'ziszen simz tu fit 'weri łel łiw maj
edju'keiszen/ ik'spjeriens*
To stanowisko odpowiada mojemu wykształceniu/
doświadczeniu

■ I am confident that I can perform the job effectively.
ajm 'konfident det aj ken pe'fom de dżob i'fektiwli
Jestem pewien, że będę wydajnie pracował.
I am confident that I can perform up to your
standard.
ajm 'konfident det aj ken pe'fom ap tu ju 'stended
Jestem pewien, że będę wykonywał obowiązki
zgodnie z waszymi normami.

■ I have graduated from ...../ I am a graduate of .....
aj hew 'gredżuejtid frem ...../ ajm e 'gredżuet ew .....
Ukończyłem...../jestem
absolwentem .....

■ I received training in .....
aj ri'siwd 'trejnin in .....
Przeszedłem szkolenie z .....

■ My qualifications include .....
maj kłolifi'kejszenz in'klud .....
Moje kwalifikacje obejmują .....

■ I hold a certificate/degree in .....
aj hełd e se'tifiket/di'gri in .....
Posiadam dyplom/stopień z .....

Typical interview questions:
Typowe pytania w czasie rozmowy
kwalifikacyjnej:

1. Tell me about yourself
   tel mi e'bałt jo'self
   Czy może mi pan/i opowiedzieć coś o sobie?

2. Why do you want to leave your current job?
   łaj du ju łont tu liw ju 'karent dżob
   Dlaczego chce pan/i zrezygnować ze swojej
   obecnej pracy?

3. What are your strengths?
   łot e ju strenkts
   Jakie są pana/i zalety?

4. What are your weaknesses?
   łot e ju 'łiknisiz
   Jakie są pana/i słabości?

5. What do you know about our company?
   łot du ju neł e'bałt ałe 'kampeni
   Co pan/i wie o naszej firmie?

6. Why do you want to work for us?
   łaj du ju łont tu łek fer es
   Dlaczego pan/i chce dla nas pracować?

7. Why should I hire you?
   łaj shed aj 'haje ju
   Dlaczego powinniśmy zatrudnić pana/panią?

8. Why do you want this job?
   łaj du ju łont dis dżob
   Dlaczego ubiega się pan/i o tę pracę?

9. What qualifies you for this job?
   łot 'kłolifajz ju fe dis dżob
   Co kwalifikuje pana/panią
   do tej pracy?

10. What salary/wages are you seeking?
    łot 'seleri'/'łejdżez e je 'sikin
    Jakie są pana/pani oczekiwania płacowe?

Questions you may ask:
Pytania jakie możesz zadać podczas rozmowy kwalifikacyjnej:

1. What is the legal form of the company?
   łot iz de 'ligel fom ew de 'kampeni
   Jaka jest forma prawna firmy?

2. What will my responsibilities involve?
   łot łil maj risponsi'bilitiz in'wolw
   Jaki będzie zakres moich obowiązków?

3. What fringe benefits does the company offer?
   łot frindż 'benefits dez de 'kampeni 'ofe
   Jakie świadczenia oferuje firma?

4. May I know more about
   the conditions of my employment? (hours/
   salary/ holidays)

mej aj neł mor e'bałt de ken'diszenz ew maj im'plojment ('ałez/'seleri/'holidejz)
Czy mogę dowiedzieć się czegoś więcej o warunkach zatrudnienia? (godziny/zarobki/ urlop)

5. What hours am I expected to work?
łot 'ałez em aj ik'spektid tu łek
W jakich godzinach będę pracować?

6. Is there a probation period?
iz der e pro'bejszen 'pjeried
Czy firma zawiera umowę na okres próbny?

7. Will my salary/wages be paid directly into the bank?
łil maj 'seleri/ 'łejdżez bi pejd di'rektli 'inte de benk
Czy moja pensja będzie przelewana na konto?

8. How much pay leave am I entitled to in a year?
hał macz pej liw em aj in'tajteld tu in e je
Ile mi przysługuje dni płatnego urlopu?

9. Who will I report to?
hu łil aj ri'pot tu
Komu będę podlegać?

10. Are there chances for career growth with this company?
e de 'czansiz fe ke'rie grełł łiw dis 'kampeni
Czy jest szansa na rozwój zawodowy w tej firmie?

11. How much will I be paid?
    hał macz łil aj bi pejd
    Ile będę zarabiać?

12. Do you provide language courses?
    du ju pre'wajd 'lengłidż 'kosiz
    Czy zapewniacie państwo naukę języka?

13. What is the length of notice
    for both parties?
    łot iz de lenkf ew 'nełtis fe bełf 'patiz
    Jaki jest okres wymówienia dla obu stron?

14. Do you provide accomodation?
    du ju pre'wajd ekome'dejszen
    Czy zapewniacie państwo zakwaterowanie?

15. Do you provide transport to work?
    du ju pre'wajd 'trenspot tu łek
    Czy zapewniacie transport
    do miejsca pracy?

16. Can I see my workplace?
    ken aj si maj 'łekplejs
    Czy mogę obejrzeć moje stanowisko pracy?

17. Will I get my tuition fees
    reimbursed?
    łil aj get maj tju'iszen fiz riim'best
    Czy zrefundujecie mi państwo koszty nauki?

■ What is your experience?
łot iz ju ik'spjeriens
Jakie jest pana doświadczenie?

■ Are you insured?
e ju in'szued
Czy jest pan ubezpieczony?

■ Will you work on scaffolding?
łil ju łek on 'skefełldin
Czy jest pan zdecydowany pracować na
rusztowaniu?

■ Have you completed apprenticeship?
hew ju kem'plitid e'prentisszip
Czy ukończył pan naukę rzemiosła?

■ Where have you previously worked?
łe hew ju 'priwjesli łekt
Gdzie pan poprzednio pracował?

- What jobs have you performed?
  łot dżobz hew ju pe'fomd
  Jakie prace pan wykónywał?

- Can you interpret drawings/blueprints?
  ken ju in'teprit 'droinz/'bluprints
  Czy potrafi pan odczytywać rysunki/plany?

Position description:
Zakres obowiązków:

- erecting a house/ wall/chimney/fireplace/arch/ patio
  i'rektin e hałz/łol/'czimni/ 'fajeplejs/acz/'petieł
  budowa domu/muru/komina/kominka/łuku/patio

- laying tiles/roof tiles /wall tiles/milled rock tiles/ roof slates/terracotta tiles
  'lejin tajlz/ruf tajlz/łol tajlz/mild tajlz/rok tajlz/ruf slejts/'tere'kote tajlz
  układanie kafelków/płytek podłogowych/płytek ściennych/gresu/dachówki/terakoty

- laying pavings
  'lejin 'pejwinz
  kładzenie nawierzchni

- repairing existing brickwork
  ri'perin ig'zistin 'brikłek
  naprawy murarskie

44

- decorating brickwork
  'dekerejtin 'briklek
  dekoracje murarskie

Questions you may ask:
Pytania, jakie możesz zadać:

■ Will I work at heights/in tunnels/in shafts?
łil aj łek et hajts/in 'tanelz/in szafts
Czy będę pracować na dużych wysokościach/
w tunelach/
na szybach?

■ What work activities have you performed?
łot łek ek'tiwitiz hew ju pe'fomd
Jakie prace pan wykonywał?

■ In what activities do you specialize?
in łot ek'tiwitiz du ju 'speszelajz
W czym się pan specjalizuje?

- What qualifications have you obtained?
  łot kłolifi'kejszenz hew ju eb'tejnd
  Jakie kwalifikacje pan uzyskał?

- Do you have thorough knowledge
  of the tools/materials/methods and practices of
  carpentry trade?
  du ju hew 'fare 'nolidż ew de tulz/me'tjerjelz/
  'mefedz end 'prektisiz ew 'kapentri trejd
  Czy ma pan dobrą znajomość narzędzi/materiałów/
  metod i robót ciesielskich?

- Do you have good manual dexterity/ eye-hand
  coordination/ physical fitness/ a sense of balance?
  du ju hew gud 'menjuel dek'steriti/'ajhend
  kełodi'nejszen/ 'fizikel 'fitnes/e sens ew 'belens
  Czy ma pan dobrą sprawność manualną/ dobrą
  koordynację manualno-wzrokową/kondycję
  fizyczną/zmysł równowagi?

- Do you have basic arithmetic skills?
  du ju hew 'bejsik erif'metik skilz
  Czy potrafi pan wykonać podstawowe obliczenia?

- Can you interpret this blueprint/drawing?
  ken ju in'teprit dis 'bluprint/ 'droin
  Czy potrafi pan odczytać ten plan/rysunek?

■ Can you operate a circular (buzz) saw?
ken ju 'operejt e 'sekjule (baz) so
Czy potrafi pan obsługiwać piłę tarczową?

Position description:
Zakres obowiązków:

- building the house framework/ walls/ roof
'bildin de hałs 'frejmłek/łolz/ruf
budowa szkieletu domu/ścian/dachu
- installing doors/ windows/stairs/ handrails
in'stolin doz/'łindełz/stez/'hendrejlz
instalowanie drzwi/okien/schodów/poręczy
- building concrete forms/ scaffolding
'bildin 'konkrit fomz/'skefełdin
wykonywanie szalunków/ rusztowań
- repairing and remodelling existing structures of all kinds
ri'perin end ri'modelin ig'zistin 'strakczez ew ol kajndz
naprawa i przebudowa różnych typów konstrukcji

- cutting/fitting/assembling wood for buildings/
  highways/ bridges/ docks/ industrial plants
  'katin/'fitin/e'semblin łud fe
  'bildinz/'hajłejz/ 'bridżiz/doks/in'dastrjel plants
  cięcie/dopasowywanie/montowanie konstrukcji
  drewnianych na budowach gmachów/autostrad/
  mostów/portów/zakładów przemysłowych
- interpreting blueprints and drawings
  in'tepritin 'bluprints end 'droinz
  odczytywanie planów/rysunków
- measuring/marking materials
  'meżerin/'makin me'tjerielz
  mierzenie/trasowanie materiałów
- cutting/shaping wood using hand and power
  tools
  'katin/'szejpin łud 'juzin hend end 'pałe tulz
  cięcie/ obróbka drewna narzędziami ręcznymi
  i elektrycznymi
- joining the materials with nails/ screws/ staples/
  adhesives
  *dżojnin de me'tjerielz łiw nejlz/skruz/'stejpelz/
  ed'hisiwz*
  łączenie materiału gwoździami/śrubami/
  klamrami/klejami

Questions you may ask:
Pytania, jakie możesz zadać:

■ What activities will I be involved in?
łot ek'tiwetiz łil aj be in'wolwd in
Przy jakiego rodzaju robotach
budowlanych będę pracował?

■ Will I work alone/in a team/with helpers?
łil aj łek e'łełn/ in e tim/łiw 'helpez
Czy będę pracować sam/w zespole/
z pomocnikami?

Interview with a plumber:
Rozmowa kwalifikacyjna
z hydraulikiem:

■ Do you have knowledge of methods/materials/
tools/equipment used in plumbing?
*du ju hew 'nolidż ew 'mefedz/me'tierielz/tulz/
i'kłipment juzd in 'plamin*
Czy posiada pan znajomość metod/materiałów/
narzędzi/sprzętu używanego w hydraulice?

■ Have you performed duties in the construction/
installation/maintenance/repair/removal/replacement
of plumbing?
*hew ju pe'fomd 'djutiz in de ken'strak-szen/
inste'lejszen/'mejntenens/ri'pe/ ri'muwel/
ri'plejsment ew 'plamin*
Czy zajmował się pan budową/instalacją/
konserwacją/naprawą/usuwaniem/wymianą
instalacji?

■ In what type of job do you specialize?
in łot tajp ew dżob du ju 'speszelajz
W czym się pan specjalizuje?

■ Are you able to:
e ju 'ejbel tu
Czy umie pan:

Position description:
Zakres obowiązków:

● install/ maintain/replace (water/ wastewater/
steam/ gas) piping
*in'stol/ mein'tein /ri'plejs ('łote/'wejstłote/stim/
ges) 'pajpin*
instalować/konserwować/wymieniać instalacje
rurowe (wodociągowe/ wylotowe/ parowe/
gazowe)

50

- install and repair fixtures
  in'stol end ri'pe 'fiksczez
  montaż i naprawa instalacji
- inspect and maintain heating systems
  in'spect end mein'tein 'hitin 'sistemz
  sprawdzać i konserwować systemy grzewcze
- inspect and maintain heaters and boilers
  in'spect end mein'tein 'hitez end 'bojlez
  sprawdzać i konserwować piecyki i bojlery
- install and maintain (circulatory/return line/
  vacuum) pumps
  *in'stol end mein'tein sekju'lejteri/ri'ten lain/
  'vekjuem) pamps*
  instalować i konserwować pompy (wirnikowe/
  powrotne/próżniowe)
- install and repair fittings
  in'stol end ri'pe 'fitinz
  instalować i naprawiać armaturę
- read blueprints
  rid 'bluprints
  czytać plany techniczne
- work from plans
  łek frem plenz
  pracować na podstawie planów
- keep records
  kip 'rekodz
  prowadzić dokumentację

- prepare sketches of minor plumbing installations
  pri'pe 'skecziz ew 'majne 'plamin inste'lejszenz
  przygotować schemat prostych instalacji hydraulicznych
- estimate material and labour costs for plumbing jobs
  'estimejt me'tjeriel end 'lejbe kosts fe 'plamin dżobz
  wyceniać materiały i koszty usług hydraulicznych.

Questions you may ask:
Pytania, jakie możesz zadać:

■ Will I work in trenches/under buildings?
łil aj łek in 'trencziz/ 'ande 'bildinz
Czy będę pracować w wykopie/
pod budynkami?

■ Will I work from ladders/scaffolding/platforms?
łil aj łek frem 'ledez/'skefełldin/'pletfomz
Czy będę pracować na drabinie/rusztowaniu/
platformie?

Rozmowa kwalifikacyjna z mechanikiem samochodowym

■ Did you repair/overhaul gasoline/diesel/ fuel vehicles?

did ju ri'pe/'ełwehol 'geselin/'dizel/'fjuel 'wiikelz

Czy pan naprawiał /dokonywał przeglądu pojazdów benzynowych/wysokoprężnych?

■ What vehicles did you repair/service/maintain? (light/ heavy vehicles/ tractors/ all types of vehicles)

łot 'wiikelz did ju ri'pe/'sewis/mejn'tejn (lajt/'hewi 'wiikelz/'trektez/ol tajp ew 'wiikelz)

Jakie pojazdy pan naprawiał/przeglądał? (lekkie/ ciężkie pojazdy/traktory/wszystkie rodzaje pojazdów)

■ Where did you work previously? (dealership/ garage/ rental car company)
łe did ju łek 'priwjesli ('dileszip/'geraż/'rentel 'kampeni)
Gdzie pan poprzednio pracował?
(w salonie samochodowym/w warsztacie samochodowym/ w firmie wynajmującej samochody)

■ Do you have knowledge of tools/ equipment/ procedures involved in the diagnosis/ maintenance/repair of engines?
du ju hew 'nolidż ew tulz/i'kłipment/ preł'sidżez in'wolwd in de dajeg'nełsiz/ 'mejntenens/ri'pe ew 'endżinz
Czy znane są panu narzędzia/sprzęt/procedury związane z diagnostyką/konserwacją/naprawą silnika?

■ Do you have knowledge of fuel/ignition/cooling/air conditioning systems?
du ju hew 'nolidż ew 'fjuel/ig'niszen/'kulin/ 'ekendiszenin 'sistemz
Czy zna się pan na systemie paliwowym/ zapłonowym/chłodniczym/klimatyzacyjnym?

■ Do you have knowledge of mechanical and electrical systems/air brake systems?
du ju hew 'nolidż ew mi'kenikel end i'lektrikel 'sistemz/e brejk 'sistemz
Czy zna się pan na mechanicznych i elektrycznych układach/ pneumatycznych układach hamulcowych?

■ Are you able to operate and maintain internal combustion engines?
e ju 'ejbel tu 'operejt end mejn'tejn in'tenel kem'basczen 'endżinz
Czy umie pan obsługiwać i konserwować silnik spalinowy?

■ Can you operate hydraulic and pneumatic equipment?
ken ju 'operejt haj'drolik end niu'metik i'klipment
Czy umie pan obsługiwać sprzęt hydrauliczny i pneumatyczny?

■ Do you understand electrical wiring/hydraulic schematics?
du ju ande'stend i'lektrikel 'łajerin/haj'drolik ski'metiks
Czy zna się pan na instalacji elektrycznej i układach hydraulicznych?

■ Do you have a valid driving license?
Du ju hew e 'welid 'drajwin 'lajsens
Czy ma pan ważne prawo jazdy?

■ Do you possess a basic/complete set of
mechanic's hand tools?
*Du ju pe'zes e 'bejsik/kem'plit set ew mi'keniks
hend tulz*
Czy posiada pan podstawowy/kompletny zestaw
podręcznych narzędzi mechanicznych?

■ Do you have a sight problem?
du ju hew e sajt 'problem
Czy ma pan problemy ze wzrokiem?

Position description:
Zakres obowiązków:

- repairing and adjusting engines/ transmissions/
clutches/ carburettors/generators/ distributors/
differentials/pumps
*ri'perin end e'dżastin 'endżinz/trenz'miszenz/
'klacziz/kabe'retez/'dżenerejtez/di'stribjutez/
dife'renszelz/pamps*
naprawa i regulacja silników/przekładni/
sprzęgieł/gaźników/prądnic/rozdzielaczy/
mechanizmów różnicowych/pomp

- fitting and adjusting bearings
  'fitin end e'dżastin 'berinz
  montaż i regulacja łożyska
- installing axles
  in'stolin 'ekselz
  montaż osi
- fitting pistons and rings
  'fitin 'pistenz end rinz
  montaż tłoków i pierścieni
- installing and adjusting electrical system
  components/ air conditioning systems/ brakes
  and ignition systems
  in'stolin and e'dżastin i'lektrikel 'sistem
  kem'pełnents/'ekendiszenin 'sistemz/brejks end
  ig'niszen 'sistemz
  instalacja i regulacja części systemu
  elektrycznego/klimatyzacji/układu hamulcowego
  i układu zapłonowego
- repairing or replacing tires/tubes
  ri'perin or ri'plejsin 'tajez/tjubz
  naprawa i wymiana opon/dętek
- adjusting door latches/locks
  e'dżastin do 'lecziz/loks
  regulacja klamek/zamków drzwiowych
- reparing windscreen wipers
  ri'perin 'łindskrin 'łajpez
  naprawa wycieraczek

- performing body work repairs
  pe'fomin 'bodi łek ri'pez
  wykonywanie napraw blacharskich
- repairing and replacing dipped headlines/main
  beam headlights/reflectors/parking lights/
  running lights/rear lights/break lights
  *ri'perin end ri'plejsin dipt 'hedlajts/mejn bim
  'hedlajts/ri'flektez/'pakin lajts/'ranin lajts/rie
  lajts/brejk lajts*
  naprawa i wymiana świateł mijania/długich/
  odblaskowych/postojowych/pozycyjnych/
  tylnych/stopowych
- replacing oil/air filters
  ri'plejsin ojl/e 'filtez
  wymiana filtrów olejowych/powietrznych

Questions you may ask:
Pytania, jakie możesz zadać:

■ What types of engine do you repair?
Łot tajps ew 'endżin du ju ri'pe
Jakie rodzaje silnika naprawiacie?

Rozmowa kwalifikacyjna z kucharzem

■ Are you a professionally trained cook?
e ju e pre'feszeneli trejnd kuk
Czy jest pan/i zawodowym kucharzem?

■ How long have you been a cook?
hał lon hew ju bin a kuk
Jak długo jest pan/i kucharzem?

■ Are you trained in food hygiene?
e ju trejnd in fud 'hajdżin
Czy odbył/a pan/i szkolenie w zakresie higieny żywienia?

■ Are you willing to work nights?
e ju 'łilin tu łek najts
Czy może pan/i pracować w nocy?

■ What courses have you attended?
łot 'kosiz hew ju e'tendid
Na jakie kursy uczęszczał/a pan/i?

■ Have you attended a vocational school?
hew ju e'tendid e weł'kejszenel skul
Czy uczęszczał/a pan/i do szkoły zawodowej?

- Are you able to prepare food in large quantities?
  e ju 'ejbel tu pri'pe fud in ladż 'kłontitiz
  Czy potrafi pan/i przygotowywać potrawy w dużych ilościach?

- Are you able to follow recipes?
  e ju 'ejbel tu 'foleł 'resipiz
  Czy umie pan/i korzystać z przepisów?

- What is your specialization?
  łot iz ju speszelaj'zejszen
  Jaka jest pana/i specjalizacja?

- Where did you work previously?
  łe did ju łek 'priwjesli
  Gdzie pan/i poprzednio pracował/a?

- Have you worked in restaurant/ fast-food establishment/ hospital kitchen/ school kitchen?
  hew ju łekt in 'resteront/ fast fud i'stebliszment/ 'hospitel 'kiczen/ skul 'kiczen
  Czy pracował/a pan/i w restauracji/ restauracji fast food/kuchni szkolnej/szpitalnej?

Position description:
Zakres obowiązków:

- planning menus
  'plenin 'menjuz
  planowanie menu
- preparing breakfasts/ lunches/ dinners
  pri'perin 'brekfests/'lancziz/ 'dinez
  przyrządzanie śniadań/ lunchów/ obiadów
- preparing salads/salad dressing/sandwiches
  pri'perin 'seledz/'seled 'dresinz/'senticziz
  przyrządzanie sałatek/sosów
  do sałatek/kanapek
- garnishing
  'ganiszin
  garnirowanie potraw
- preparing desserts/snacks
  pri'perin di'zets/sneks
  przyrządzanie deserów/przekąsek
- preparing appetizers/beverages
  pri'perin 'epitajzez/'beweridżiz
  przyrządzanie przystawek/napojów
- preparing pasta dishes
  pri'perin 'peste 'disziz
  przyrządzanie dań z makaronu
- preparing stocks and soups
  pri'perin stoks end sups
  przyrządzanie bulionów i zup

- preparing meat//fish/seafood
  pri'perin mit/fisz/'sifud
  przyrządzanie mięsa/ryb/owoców morza
- poaching and boiling food
  'pełczin end 'bojlin fud
  gotowanie potraw
- stewing food
  'stjuin fud
  duszenie potraw
- roasting food
  'rełstin fud
  pieczenie potraw
- baking cakes
  'bejkin kejks
  pieczenie ciast
- serving food
  'sewin fud
  serwowanie potraw
- operating a dishwasher/stove/grill
  'operejtin e 'diszłosze/stełw/gril
  obsługa zmywarki/pieca/grila
- washing up crockery and cutlery
  'łoszin ap 'krokeri end 'katleri
  zmywanie naczyń i sztućców
- operating cash tills
  'operejtin kesz tilz
  obsługa kasy

- keeping working area clean and tidy
  'kipin 'łekin 'erije klin end 'tajdi
  sprzątanie miejsca pracy

Questions you may ask:
Pytania, jakie możesz zadać:

■ Will I receive on-the-job training?
  łil aj ri'siw on de dżob 'trejnin
  Czy będę mógł odbyć wstępne szkolenie?

■ Will I be responsible for directing the work of other
  kitchen workers?
  *łil aj bi ri'sponsibel fe de'rektin de
  łek ew 'ade 'kiczen 'łekez*
  Czy będę odpowiedzialny za kierowanie pracą
  innych pracowników?

■ Will I be responsible for ordering food supplies?
  łil aj bi ri'sponsebel fer 'oderin fud se'plajz
  Czy będę odpowiedzialny
  za zamówienia?

■ Do you have a large kitchen staff?
  du ju hew e ladż 'kiczen staf
  Czy macie państwo wielu pracowników?

- Do you have a cook's helper?
  du you hew e kuks 'helpe
  Czy macie pomoc kuchenną?

- Do you have modern equipment/
  air conditioning?
  du ju hew 'moden i'kłipment/'ekendiszenin
  Czy macie państwo nowoczesny sprzęt/
  klimatyzację?

Interview with a waiter/ waitress/barman
Rozmowa kwalifikacyjna z kelnerem/kelnerką/ barmanem

- Where have you previously worked?
  (in a restaurant/café/pub/hotel)
  *łe hew ju 'priwjesli łekt
  (in e 'resteront/'kefej/pab/heł'tel)*
  Gdzie pan/i ostatnio pracował/a?
  (w restauracji/ kawiarni/ pubie/ hotelu)

- How long have you been a waiter/waitress/
  barman?
  hał lon hew ju bin e 'łeite/'łejtres/'bamen
  Jak długo jest pan/i kelnerem/kelnerką/barmanem?

- What types of drinks can you prepare?
  łot tajps ew drinks ken ju pri'pe
  Jakie rodzaje drinków potrafi pan/i przygotować?

- Do you know how to handle beverages?
  du ju neł hał tu 'hendel 'beweridżiz
  Czy umie pan/i serwować napoje?

- What is your experience?
  łot iz ju ik'spjeriens
  Jakie jest pana/i doświadczenie?

- Are you ready to start work immediately?
  e ju 'redi tu stat łek i'midjetli
  Czy jest pan/i gotowy/a rozpocząć pracę od zaraz?

- Do you have experience in waiting tables?
  du ju hew ik'spjeriens in 'łejtin 'tejbelz
  Czy ma pan/i doświadczenie z obsługiwaniem klientów przy stoliku?

- What makes a good waiter/barman?
  łot mejks e gud 'łejte/'bamen
  Jakie kwalifikacje musi posiadać dobry kelner/barman?

- What would you do if a customer started a fight or were harassing?
  łot łud ju du if e 'kasteme 'statid e fajt o łe 'heresin
  Co by pan/i zrobił/a, gdyby klient wszczął bójkę lub był natarczywy?

- How available are you?
  hał e'wejlebel e ju
  Jaka jest pana/i dyspozycyjność?

- Will you work any shift? What shifts?
  łil ju łek 'eni szifts. łot szifts
  Czy może pan/i pracować na zmiany? Jakie?

- Are you 18 years of age?
  e ju ej'tin jez ew ejdż
  Czy ma pan/i ukończone 18 lat?

Position description:
Zakres obowiązków:

- customer service
  'kasteme 'sewis
  obsługa klienta
- taking orders
  'tejkin 'odez
  przyjmowanie zamówień

- waiting tables
  'łeitin 'tejbelz
  nakrywanie do stołu

- wiping down tables/counter
  'łajpin dałn 'tejbelz/'kałnte
  ścieranie stołów/lady

- making up bills
  'mejkin ap bilz
  wypisywanie rachunków

- handling trays
  'hendlin trejz
  noszenie tac

- handling of beverages
  'hendlin ew 'beweridżiz
  serwowanie napojów

- coffee machine operation
  'kofi me'szin ope'rejszen
  obługa ekspresu do kawy

- greeting customers
  'gritin 'kastemez
  witanie klientów

- general cleaning duties
  'dżenerel 'klinin 'djutiz
  utrzymywanie porządku

Questions you may ask:
Pytania, jakie możesz zadać:

■ Could you describe a typical day at work?
kud ju di'skrajb e 'tipikel dej et łek
Czy może pan/i opisać typowy dzień pracy?

■ What are perks of this job?
łot e peks ew dis dżob
Jakie są dodatkowe korzyści pracy?

■ What clothes should I wear on the job?
łot klełwz shud aj łer on de dżob
Jaki ubiór powinienem/powinnam nosić w pracy?

■ Will I have any kitchen duties?
łil aj hew 'eni 'kiczen 'djutiz
Czy będę mieć jakieś obowiązki w kuchni?

Interview with a pizza/ newspaper deliverer
Rozmowa kwalifikacyjna z dostawcą pizzy/prasy

Can you provide your own vehicle?
ken ju pre'wajd jur ełn 'wiikel
Czy dysponuje pan własnym pojazdem?

- Do you have map-reading skills?
  du ju hew mep 'ridin skilz
  Czy orientuje się pan według mapy/planu?

- Do you have a current/clean driving licence?
  du ju hew e 'karent/klin 'drajwin 'lajsens
  Czy ma pan ważne/ bez punktów karnych prawo jazdy?

- Are you familiar with the location in which you are to work?
  e ju fe'milje łiw de leł'kejszen in łicz ju e tu łek
  Czy zna pan teren, na którym będzie pan pracować?

- Have you been involved in traffic crashes/ accidents?
  hew ju bin in'wolwd in 'trefik 'krasziz/'eksidents
  Czy spowodował pan jakieś stłuczki/wypadki?

Questions you may ask:
Pytania, jakie możesz zadać:

- Do you pay per mile travelled or per delivery?
  du ju pej pe majl 'treweld o per di'liwery
  Czy płacicie od kilometra (mili) czy za dostawę?

■ Will I communicate with central dispatch?
łil aj ke'mjunikejt łiw 'sentrel di'specz
Czy będę miał kontakt z centralą?

■ Will I receive on-the-job training?
łil aj ri'siw on de dżob 'trejnin
Czy przejdę szkolenie?

■ What is the delivery time limit?
łot iz de di'liwery tajm 'limit
Jaki jest limit czasu na zrealizowanie dostawy?

■ What will happen if, for some reasons,
I don't fulfill my duties?
*łot łil 'hepen if fe sam 'rizenz aj dełnt ful'fil maj
'djutiz*
Co się stanie, jeśli, z różnych względów, nie
zrealizuję dostawy?

■ Will I work on call?
łil aj łek on kol
Czy będę pracować na telefon?

Rozmowa kwalifikacyjna z pielęgniarką

■ Are you a certified nurse?
e ju e 'setifajd nes
Czy jest pani dyplomowaną pielęgniarką?

■ What are your qualifications?
łot e ju kłolifi'kejszenz
Jakie są pani kwalifikacje?

■ What diplomas do you hold?
łot di'plełmez du ju hełld
Jakie posiada pani dyplomy?

■ What is your specialty?
łot iz ju 'speszelti
Jaka jest pani specjalizacja?

■ Where did you work? (in a clinic/hospital/out-patient clinic/ private office/school nurse office)
łe did ju łek (in e 'klinik/ 'hospitel/'ałtpejszent 'klinik/ 'prajwet 'ofis/skul nes 'ofis)
Gdzie pani pracowała? (w klinice/szpitalu/przychodni/prywatnym gabinecie/szkolnym gabinecie)

■ What nursing work did you perform?
łot 'nesin łek did ju pe'fom
Jakie czynności pielęgniarskie pani wykonywała?

■ What skills do you posses?
łot skilz du ju pe'zes
Jakie posiada pani umiejętności?

Position description:
Zakres obowiązków:

- carrying out/assisting with diagnostic procedures
  'keriin ałt/e'sistin łiw dajeg'nostik preł'sidżez
  wykonywanie/asystowanie przy procedurach diagnostycznych
- observing and recording symptoms (temperature/ pulse/ respiration/ blood pressure)
  eb'zewin end ri'kodin 'simptemz ('temprecze/ pals/respi'rejszen/ blad 'presze)
  obserwowanie i rejestrowanie objawów (temperatury, pulsu, oddechu, ciśnienia)
- collecting specimen for the laboratory
  'kolektin 'spesimin fe de le'boretri
  pobieranie próbek do laboratorium
- performing laboratory tests
  pe'fomin le'boretri tests
  przeprowadzanie testów laboratoryjnych

- **assisting in surgical procedures**
  e'sistin in 'sedżikel preł'sidżez
  asystowanie przy zabiegach
- **documenting patients' history**
  'dokjumentin 'pejszents 'histri
  dokumentacja historii choroby pacjentów
- **taking height and weight**
  'tejkin hajt end łejt
  ważenie i mierzenie
- **carrying out therapeutic procedures**
  'keriin ałt fere'pjutik preł'sidżez
  wykonywanie zabiegów terapeutycznych
- **administering medications/ injections**
  ed'ministerin medi'kejszenz/in'dżekszenz
  podawanie leków/robienie zastrzyków
- **operating medical equipment**
  'operejtin 'medikel i'kłipment
  obsługa sprzętu medycznego

Questions you may ask:
Pytania, jakie możesz zadać:

■ How many night duties will I have a month?
hał meni najt 'djutiz til aj hew e manf
Ile dyżurów nocnych będę miała w miesiącu?

■ Will I perform secretarial duties?
til aj pe'fom sekre'teriel 'djutiz
Czy będę wykonywać obowiązki sekretarskie?

Interview with a nanny
Rozmowa kwalifikacyjna
z opiekunką do dziecka

■ How old were the other children you cared for?
hał euld te di 'ade 'czildren ju ked fe
W jakim wieku były dzieci, którymi się pani
opiekowała?

■ How long have you been a nanny?
hał lon hew ju bin e 'neni
Od jak dawna jest pani nianią?

■ Are you a professional nanny?
e ju e pre'feszenel 'neni
Czy jest pani profesjonalną opiekunką?

■ Do you have first-aid training?
du ju hew fest ejd 'trejnin
Czy odbyła pani szkolenie w zakresie doraźnej
pomocy?

■ Do you smoke?
du ju smeuk
Czy pani pali?

■ Could you recommend families
we can call for references?
kud ju reke'mend 'femliz łi ken kol fe 'refrensiz
Czy może pani wskazać rodziny, do których
możemy się zwrócić po referencje?

■ Do you have a driving license?
du ju hew e 'drajwin 'lajsens
Czy ma pani prawo jazdy?

■ How do you discipline children?
hał du ju 'diseplin 'czildren
W jaki sposób przywołuje pani dzieci do porządku?

■ Would you like to work on a live-in or live-out
arrangement?
łud ju lajk tu łek on e liw in o liw ałt e'rejndżment
Czy chce pani pracować jako opiekunka stała czy
dochodząca?

■ Will you be available to travel with our family for weekends / holidays?
til ju bi e'wejlebel tu 'trewel tiw ale 'femli fer 'tikendz/'holedejz
Czy będzie mogła pani podróżować z nami w czasie weekendów/wakacji?

Position description:
Zakres obowiązków:

- care of the children
  ker ew de 'czildren
  opieka nad dziećmi

- children's washing and ironing
  'czildrenz 'toszin end 'ajenin
  pranie i prasowanie ubrań dzieci

- cooking the children's melas
  'kukin de 'czildrenz milz
  przgotowywanie posiłków dla dzieci

- doing the shopping
  'duin de 'szopin
  robienie zakupów

- keeping the children's bedrooms and play areas tidy
  'kipin de 'czildrenz 'bedrumz end plej 'erijez 'tajdi
  sprzątanie pokoi i miejsc zabaw dzieci

- helping with homework
  'helpin łiw 'hełmłek
  odrabianie lekcji z dziećmi

- light housework
  lajt 'hałzłek
  lekka pomoc domowa

Questions you may ask:
Pytania, jakie możesz zadać:

■ How many children do you have? What ages are they?
hał 'meni 'czildren du ju hew. łot 'ejdżiz e dej
Ile państwo macie dzieci? W jakim są wieku?

■ Do you work in the home or out of the home?
du ju łek in de hełm or ałt ew de hełm
Czy pracujecie państwo w domu czy poza domem?

■ What is the children's typical daily and weekly schedule?
łot iz de 'czildrenz 'tipikel 'dejli and 'łikli 'szedjul
Jaki jest typowy rozkład dnia i tygodnia dla dzieci?

■ Is nanny welcome to eat with family?
Iz 'neni 'łelkem tu it łiw 'femli
Czy niania będzie spożywać posiłki z rodziną?

- Do you let your children watch TV?
  How much? What programs?
  *du ju let ju 'czildren łocz ti wi. hał macz. łot
  'prełgremz*
  Czy pozwalanie państwo dzieciom oglądać
  telewizję? Jak długo? Jakie programy?

- Do you give your children food when they are
  hungry or at set times?
  *du ju giw ju 'czildren fud łen dej e 'hangri or et set
  tajmz*
  Czy dzieci spożywają posiłki, gdy są głodne, czy
  o ustalonych porach?

- What food should I prepare?
  łot fud shud aj pri'pe
  Jakie posiłki powinnam przygotowywać?

- What do you do when your children misbehave?
  łot du ju du łen ju 'czildren misbi'hejw
  Co państwo robicie, kiedy dzieci źle się
  zachowują?

- Do the children have any health issues that
  I should be aware of?
  *du de 'czildren hew 'eni helf 'iszuz det aj szud bi
  e'łer ew*
  Czy dzieci mają jakieś problemy zdrowotne,
  o których powinnam wiedzieć?

■ Do the children have chores?
du de 'czildren hew czoz
Czy dzieci mają jakieś obowiązki?

■ What do you expect from a nanny?
łot du ju ik'spekt frem e 'neni
Czego się państwo spodziewacie po opiekunce?

■ What are the hours?
łote de 'ałez
W jakich godzinach będę pracować?

■ What are my expected child care duties?
łote maj ik'spektid czajld ke 'djutiz
Jakie są moje obowiązki jako opiekunki dzieci?

■ What are my expected housekeeping duties?
łote maj ik'spektid 'hauskipin 'djutiz
Jakie są moje obowiązki związane
z prowadzeniem domu?

■ Will I have my own room?
łil aj hew maj ełn rum
Czy będę miała własny pokój?

■ Can I receive visitors?
ken aj ri'siw 'wizitez
Czy mogę przyjmować gości?

■ How many days off will I have a week?
hał 'meni dejs of łil aj hew e łik
Ile wolnych dni przysługuje mi w tygodniu?

Interwiew with a housekeeper:
Rozmowa kwalifikacyjna
z pomocą domową

■ Do you have experience working
in private houses?
du ju hew ik'spjerjens 'łeking in 'prajwit 'hałziz
Czy pracowała już pani jako pomoc domowa?

■ Would you like to work on a live-in or live-out
basis?
łud ju lajk tu łek on e liw in o liw ałt 'bejsis
Czy chce pani pracować jako pomoc stała czy na
przychodne?

■ Do you smoke?
du ju smełk
Czy pani pali?

■ Could you recommend families we can call for
references?
kud ju reke'mend 'femliz łi ken kol fe 'refrensiz
Czy może pani wskazać rodziny, do których
możemy się zwrócić po referencje?

Position description:
Zakres obowiązków:

- cleaning the interior of the home and the areas outside (patio/ porch/ pavement)
  'klinin di in'tjerje ew de hełm end de 'eriez ałt'sajd ('petjeł/pocz/'pejwment)
  sprzątanie domu i terenów przylegających (patio/ ganek/chodnik)
- laundering clothes and household linens
  'londerin klełwz end 'hałshełd 'lininz
  pranie odzieży i pościeli
- cooking and serving meals
  'kukin end 'sewin milz
  gotowanie i podawanie posiłków
- doing the shopping
  'duin de 'szopin
  robienie zakupów
- making the beds
  'mejkin de bedz
  ścielenie łóżek
- looking after the children
  'lukin 'afte de 'czildren
  zajmowanie się dziećmi
- caring for household pets
  'kerin fe 'hałshełd pets
  zajmowanie się zwierzętami domowymi

Questions you may ask:
Pytania, jakie możesz zadać:

■ How big is your house?
hał big iz ju hałs
Jak duży jest państwa dom?

■ Do you have children? What ages are they?
du ju hew 'czildren. łot 'ejdżiz e dej
Czy macie państwo dzieci? W jakim są wieku?

■ Do you have any pets?
do ju hew 'eni pets
Czy macie państwo jakieś zwierzęta?

■ What hours will I work?
łot 'ałez łil aj łek
W jakich godzinach będę pracować?

■ Do you have any special needs?
du ju hew 'eni 'speszel nidz
Czy macie państwo jakieś specjalne potrzeby?

■ What are the hours of your work?
łot e de 'ałez ew ju łek
W jakich godzinach
państwo pracujecie?

■ What are living arrangements?
łot e 'liwin e'rejndżments
Jakie są warunki zakwaterowania?

■ Can I see the house?
ken aj si de hałs
Czy mogę obejrzeć dom?

■ Will I have my own room/bathroom?
łil aj hew maj ełn rum/"bafrum
Czy będę miała własny pokój/łazienkę?

■ Is the room furnished?
iz de rum 'feniszt
Czy pokój jest umeblowany?

■ Will I be allowed to have my friends over?
łil aj bi e'lałd tu hew maj frendz 'ełwe
Czy będę mogła zapraszać przyjaciół?

■ Can my visitors stay at night?
ken maj 'wizitez stej et najt
Czy moi goście mogą zostawać na noc?

■ Do you often have guests over for dinner?
du ju 'ofen hew gests 'ełwe fe 'dine
Czy często podejmujecie państwo gości obiadem?

■ Will I have to serve food?
łil aj hew tu sew fud
Czy będę podawać do stołu?

Interwiew with a gardener
Rozmowa kwalifikacyjna
z ogrodnikiem

■ What experience do you have in landscape and grounds maintenance?
łot ik'spjerjens du ju hew in 'lendskejp end grałndz 'mejntenens
Jakie doświadczenie ma pan/i w pielęgnowaniu parków i terenów zielonych?

■ In what garden did you work before?
in łot 'gaden did ju łek bi'fo
W jakim ogrodzie pracował/a pan/i poprzednio?

■ Do you have knowledge of methods and techniques of planting/ transplanting/ cultivating/ pruning and maintaining lawns/ plants/ shrubs/ hedges/trees?
du ju hew 'nolidż ew 'mefedz end tek'niks ew 'plantin/trens'plantin/'kaltiwejtin/'prunin end mejn'tejnin lonz/plants/szrabz/'hedżiz/triz

Czy zna pan/i metody i techniki sadzenia /
przesadzania/ uprawy/ przycinania/ pielęgnowania
/trawników /roślin/krzewów/żywopłotów/drzew?

■ Do you know methods and equipment used
in weed/ pest/insect control and treating plant
diseases?
*du ju neł 'mefedz end i'kłipment juzd in łid/pest/
'insekt ken'treł end 'tritin plant di'ziziz*
Czy zna pan/i metody i sprzęt używany
w zabiegach ochrony roślin przed chwastami/
chorobami/ szkodnikami?

■ Can you operate manual and automatic irrigation
systems?
*ken ju 'operejt 'menjuel end ote'metik iri'gejszen
'sistemz*
Czy potrafi pan/i obsługiwać ręczne i automatyczne
urządzenia nawadniające?

■ Can you operate landscaping and grounds
maintenance tools and equipment?
*ken ju 'operejt 'lendskejpin end grałndz
'mejntenens tulz end i'kłipment*
Czy potrafi pan/i obsługiwać narzędzia i sprzęt
ogrodniczy?

■ What experience do you have in treating plant
problems?
łot ik'spjerjens du ju hew in 'tritin plant 'problemz
Jakie ma pan/i doświadczenie w leczeniu roślin?

■ Can you interpret instructions/ maps?
ken ju in'teprit in'strakszenz/meps
Czy potrafi pan/i odczytywać instrukcje/mapy?

■ What type of gardening do you enjoy the most?
łot tajp ew 'gadnin du ju in'dżoj de mełst
Jakie prace ogrodnicze lubi pan/i najbardziej?

■ Do you have a driving license?
du ju hew e 'drajwin 'lajsens
Czy ma pan/i prawo jazdy?

Position description:
Zakres obowiązków:

• mowing/ trimming / edging/ fertilizing/watering
lawns and other landscaped areas
*'mełin/'trimin/'edżin/'fetelajzin/'łoterin lonz
end 'ade 'lendskejpt 'erijez*
koszenie/strzyżenie/ścinanie/nawożenie/
nawadnianie trawników i terenów zielonych

- weeding/ pruning/ mulching/fertilizing shrubs and ground cover
  'łidin/'prunin/'malczin/ 'fetelajzin szrabz end grałnd 'kave
  pielenie/przycinanie/okrywanie ściółką/ nawożenie krzewów i roślin ozdobnych
- preparing soil for planting
  pri'perin sojl fe 'plantin
  przygotowywanie gleby pod sadzenie
- planting trees/ seedlings/ shrubs
  'plantin triz/'sidlinz/szrabz
  sadzenie drzew/szczepów/krzewów
- cleaning and maintaining grounds/ paved areas/pathways
  'klinin end mejn'tejnin grałndz/pejwd 'erijez/ 'pafłejz
  sprzątanie terenu/chodników/ścieżek
- picking up trash and litter
  'pikin ap tresz end 'lite
  sprzątanie śmieci
- operating irrigation systems
  'operejtin iri'gejszen 'sistemz
  obsługa systemów nawadniania

- storing/ mixing/spraying herbicides/fungicides/
  pesticides
  *'storin/'miksin/'sprejin 'hebisajdz/'fangisajdz/
  'pestisajdz*
  składowanie/mieszanie/ spryskiwanie środkami
  chwastobójczymi/ grzybobójczymi/ owadobój-
  czymi.
- planting/pruning/maintaining trees
  'plantin/'prunin/mejn'tejnin triz
  sadzenie/przycinanie/pielęgnacja drzew
- transplanting trees/shrubs
  trens'plantin triz/szrabz
  przesadzanie drzew/krzewów
- operating hand and power landscaping tools
  and equipment (mower/tractor/spreader/
  rototiller/ sprayer/hedge trimmer/weed eater/
  chainsaw/ pruners)
  *'operejtin hend end 'pałe 'lendskejpin tulz
  end i'kłipment ('mełe/'trekte/'sprede/'rełtetile/
  'spreje/hedż 'trime/łid 'ite/'czejnso/'prunez)*
  obsługa ręcznych i mechanicznych narzędzi
  oraz sprzętu ogrodniczego (kosiarka/traktor/
  rozrzutnik/glebogryzarka/rozpylacz/przycinarka
  do żywopłotów/opielacz/piła ręczna/sekatory)

Questions you may ask:
Pytania, jakie możesz zadać:

■ What garden will I maintain? (vegetable/herb/rose)
łot 'gaden łil aj mejn'tejn ('wedżtebel/heb/rełz)
Jakim ogrodem będę się zajmować? (warzywnym/
zielnym/różanym)

■ Will my task involve designing the garden?
łil maj task in'wolw di'zajnin de 'gaden
Czy będę również zajmować się projektowaniem
ogrodu?

■ What type of soil does your garden have?
łot tajp ew sojl dez ju 'gaden hew
Jaki rodzaj gleby jest w ogrodzie?

■ What flowers/vegetables do you wish me to plant?
łot 'flałez/'wedżtebelz du ju łisz mi tu plant
Jakie kwiaty/warzywa będę sadzić?

■ What plants will I tend?
łot plants łil aj tend
Jakimi roślinami będę się zajmować?

■ What amount of sunlight does your garden have?
łot e'małnt ew 'sanlajt dez ju 'gaden hew
Jakie jest nasłonecznienie ogrodu?

- Will you provide me with the tools and equipment?
  łil ju pre'wajd mi łiw de tuls end i'kłipment
  Czy zostaną mi dostarczone narzędzia i sprzęt?

- Do you provide training and development opportunities?
  du ju pre'wajd 'trejnin end di'welepment ope'tjunitiz
  Czy zapewniacie szkolenie i możliwości doskonalenia zawodowego?

Interview with a farm worker (e.g. fruit/vegetable picker)
Rozmowa kwalifikacyjna z pracownikiem rolnym (np. zbieracz owoców/warzyw)

- Are you a fast picker?
  e ju e fast 'pike
  Czy szybko pan/i zbiera owoce/warzywa?

- Do you have any allergies to agricultural chemicals?
  du ju hew eni 'eledżiz tu egri'kalczerel 'kemikelz
  Czy jest pan/i uczulony/a na substancje chemiczne stosowane w rolnictwie?

■ Are you able to work at heights/from ladders?
e ju 'ejbl tu łek frem hajts/frem 'ledez
Czy może pan/i pracować na znacznych
wysokościach/na drabinie?

■ Do you have any disabilities?
du ju hew 'eni dise'biletiz
Czy jest pan/i w pełni zdolny/a do pracy?

■ Can you drive a tractor?
ken ju drajw e 'trekte
Czy potrafi pan/i prowadzić traktor?

Position description:
Zakres obowiązków:

● picking/sorting/packing/loading/delivering fruit/
vegetables
*'pikin/'sotin/'pekin/'lełdin/di'liwerin frut/
'wedżtebelz*
zbieranie/sortowanie/pakowanie/ładowanie/
dostawa owoców/warzyw

● irrigating
'irigejtin
nawadnianie

- operating farm machinery to harvest fruit/ vegetables
  'operejtin fam me'szineri tu 'hawist frut/ 'wedżtebelz
  obsługa maszyn i urządzeń rolniczych do zbioru owoców/warzyw
- driving tractors to deliver fruit/vegetables to the packing shed
  'drajwin 'trektez tu di'liwe frut/'wedżtebelz tu de 'pekin szed
  jazda traktorem w celu dostarczenia owoców/ warzyw do miejsca składowania
- tending the plants
  'tendin de plants
  pielęgnacja roślin

Questions you may ask:
Pytania, jakie możesz zadać:

■ How long does the workday last?
hał lon dez de 'łekdej last
Ile godzin liczy dzień pracy?

■ What is the wage rate?
łot iz de łejdż rejt
Jakie są stawki?

- Do you guarantee a certain amount
  of income each week?
  du ju geren'ti e 'seten e'małnt ew 'inkam icz łik
  Czy możecie państwo zagwarantować określony
  dochód tygodniowo?

- Do you pay piece-rate wage?
  du ju pej 'pisrejt łejdż
  Czy jest to praca na akord?

- Do you offer accommodation/meals?
  du ju 'ofer ekome'dejszen/milz
  Czy oferujecie państwo nocleg/posiłki?

- Is accommodation free/deducted from wages?
  iz ekome'dejszen fri/di'daktid frem 'łejdżiz
  Czy nocleg jest za darmo/ potrącony od zarobków?

- Where can we find accommodation?
  łe ken łi fajnd ekome'dejszen
  Gdzie możemy znaleźć nocleg?

- What time do we start/finish work?
  łot tajm du łi stat/'finish łek
  O której godzinie zaczynamy/
  kończymy pracę?

Interview with a local-transit bus driver/ coach driver/ lorry driver:
Rozmowa kwalifikacyjna z kierowcą autobusu na liniach lokalnych/autokaru/ciężarówki

- How long have you been driving a bus?
  hał lon hew ju bin 'drajwin e bas
  Od jak dawna prowadzi pan/i autobus?

- Do you hold any specialized licenses or certificates?
  du je hełd 'eni 'speszelajzd 'lajsensiz e se'tifikets
  Czy posiada pan/i jakieś licencje bądź dyplomy?

- What is your physical condition?
  łot iz ju 'fizikel ken'diszen
  Jaka jest pana/i kondycja fizyczna?

- Do you wear corrective lenses?
  du ju łe ke'rektiw 'lenziz
  Czy nosi pan/i szkła kontaktowe?

- Are you taking any prescribed medications?
  e ju 'tejkin 'eni pri'skrajbd medi'kejszenz
  Czy zażywa pan/i jakieś lekarstwa?

- What category of driving licence do you hold?
  łot 'ketegeri ew 'drajwin 'lajsens du ju hełd
  Jakiej kategorii ma pan/i prawo jazdy?

- Have you had your driving licence suspended?
  hew ju hed ju 'drajwin 'lajsens se'spendid
  Czy zawieszono panu/i kiedykolwiek prawo jazdy?

- Have you been involved in traffic crashes/
  accidents?
  hew ju bin in'wolwd in 'trefik 'krasziz/'eksidents
  Czy spowodował pan jakieś stłuczki/wypadki?
  Do you have a valid/clean driving licence?
  du ju hew e 'welid/klin 'drajwin 'lajsens
  Czy posiada pan/i ważne/bez punktów karnych
  prawo jazdy?

- Do you have a good knowledge of
  (town X/ district Y)?
  du ju hew e gud 'nolidż ew (tałn/'distrikt)
  Czy zna pan/i dobrze (miasto X/dzielnicę Y)?

Position description:
Zakres obowiązków:

- Good knowledge of driving safety practices/ traffic laws and regulations
  gud 'nolidż ew 'drajwin 'sejfti 'prektisiz/'trefik loz end regju'lejszenz
  Dobra znajomość zasad bezpiecznej jazdy/przepisów drogowych.
- Ability to operate a vehicle under all driving conditions
  e'biliti tu 'operejt e 'wiikel 'ander ol 'drajwin ken'diszenz
  Umiejętność prowadzenia auta w każdych warunkach pogodowych.
- Making electrical/mechanical repairs
  'mejkin i'lektrikel/mi'kenikel ri'pez
  Wykonywanie elektrycznych/mechanicznych napraw.
- Receiving/unloading/unpacking goods
  ri'siwin/an'lełdin/an'pekin gudz
  Przyjmowanie/wyładowanie/rozpakowanie towarów.
- Checking tires/brakes/lights/oil/fuel
  'czekin 'tajez/brejks/lajts/ojl/'fjuel
  Przegląd opon/hamulców/świateł/oleju/paliwa.
- Collecting fares
  ke'lektin fez
  Pobieranie opłat.

Questions you may ask:
Pytania, jakie możesz zadać:

■ Will my duties involve performing minor repair tasks/cleaning the vehicle?
łil maj 'djutiz in'wolw pe'fomin 'majne ri'pe tesks/ 'klinin de 'wiikel
Czy do moich obowiązków będą należały drobne naprawy/sprzątanie pojazdu?

■ What are my non-driving duties?
łote maj non 'drajwin 'djutiz
Jakie są moje obowiązki poza prowadzeniem pojazdu?

■ Will I have to spend nights away from home?
łil aj hew tu spend najts e'łej frem hełm
Czy będę musiał/a spędzać noce poza domem?

■ What is my weekly work schedule?
łot iz maj 'łikli łek 'szedjul
Jaki jest mój tygodniowy rozkład pracy?

■ Will I drive over established routes?
łil aj drajw 'ełwer i'stebliszt ruts
Czy będę jeździć po stałych trasach?

- How many hours will I have off-duty?
  hał 'meni 'ałez łil aj hew of 'djuti
  Ile godzin przerwy przysługuje mi w trakcie pracy?

- What are daily driving limits?
  łote 'dejli 'drajwin 'limits
  Ile godzin dziennie będę prowadzić auto?

- What is your experience in warehousing?
  łot iz ju ik'spjerjens in 'łehałzin
  Jakie ma pan doświadczenie w pracy w magazynie?

- Do you have a good level of fitness?
  du ju hew a gud 'lewel ew 'fitnes
  Czy jest pan w pełni sprawny?

- What equipment do you operate?
  łot i'kłipment du ju 'operejt
  Jaki sprzęt umie pan obsługiwać?

■ Are you a licensed operator of .....?
e ju e 'lajsenst 'operejter ew .....
Czy jest pan licencjonowanym operatorem .....?

■ Are you computer literate?
e ju kem'pjute 'literet
Czy obsługuje pan komputer?

Position description:
Zakres obowiązków:

- handling consignments
  'hendlin ken'sajnment
  obsługa dostaw
- checking orders and signing delivery notes
  'czekin 'odez end 'sajnin di'liweri nełts
  sprawdzanie zamówień i potwierdzanie dostaw
- relocating items in a warehouse
  rileł'kejtin 'ajtemz in e 'łehałz
  przenoszenie towaru w magazynie
- operating vehicles (fork-lift trucks)
  'operejtin 'wiikelz ('foklift traks)
  obsługa pojazdów (wózki widłowe)
- checking that stock records correspond to what
  is in the warehouse
  *'czekin det stok 'rekodz kore'spond tu łot iz in
  de 'łehałz*
  sprawdzanie, czy dokumentacja zapasów jest
  zgodna ze stanem faktycznym

Questions you may ask:
Pytania, jakie możesz zadać:

■ Will my responsibilities include clerical tasks/
administrative duties?
*łil maj risponsi'bilitiz in'klud 'klerikel tasks/
ed'ministretiw 'djutiz*
Czy w zakres moich obowiązków wchodzą
czynności biurowe/administracyjne?

Interview with a janitor
Rozmowa kwalifikacyjna
z dozorcą/woźnym

■ Are you willing to work at weekends/on holidays/on
rotating shifts/ at odd or irregular hours?
*e ju 'łilin tu łek et 'łikendz/on 'holedejz/on reł'tejtin
szifts/et od or i'regjuler 'ałez*
Czy jest pan/i zdecydowany/a na pracę
w weekendy/wakacje/na zmiany/ w czasie
nienormowanym?

■ Are you willing to work outdoors in all weather
conditions?
e ju 'łilin tu łek ałt'doz in ol 'łewe ken'diszenz
Czy decyduje się pan/i na pracę na wolnym
powietrzu w każdych warunkach pogodowych?

■ Do you understand labels written in English?
du ju ande'stend 'lejbelz 'riten in 'inglisz
Czy rozumie pan/i ulotki napisane w języku angielskim?

■ Are you physically fit to perform
the duties of the position?
e ju 'fizikli fit tu pe'fom de 'djutiz ew de pe'ziszen
Czy jest pan/i na tyle sprawny/a żeby wykonywać obowiązki dozorcy?

■ Do you have complete medical examinations?
du ju hew kem'plit 'medikel igzemi'nejszenz
Czy ma pan/i wszystkie badania lekarskie?

Position description:
Zakres obowiązków:

- sweeping
  'słipin
  zamiatanie
- moping
  'mopin
  zmywanie
- waxing floors
  'łeksin floz
  pastowanie podłóg

- vacuuming
  'wekjuemin
  odkurzanie
- cleaning stairways/escalators/lifts/hallways/
  toilets/offices
  *'klinin 'stełejz/'eskelejtez/lifts/'hołłejz/'tojlets/
  'ofisiz*
  sprzątanie klatki schodowej/schodów
  ruchomych/wind/toalet/pokoi
- dusting
  'dastin
  wycieranie kurzy
- buffing floors
  'bafin floz
  polerowanie podłóg
- polishing furniture
  'poliszin 'enicze
  polerowanie mebli
- scrubbing
  'skrabin
  szorowanie
- lifting heavy objects
  'liftin 'hewi 'obdżikts
  podnoszenie ciężkich przedmiotów
- maintaining premises
  mejn'tejnin 'premisiz
  sprzątanie terenu

- removing refuse
  ri'muwin 'refjus
  wynoszenie śmieci

- removing snow and ice from streets
  ri'muwin snel end ajs frem strits
  odśnieżanie ulic

Questions you may ask:
Pytania, jakie możesz zadać:

■ Will I have to perform grounds maintenance?
  łil aj hew tu pe'fom gralndz 'mejntenens
  Czy będę musiał sprzątać teren wokół budynku?

■ Will I have to perform watch duties?
  łil aj hew tu pe'fom łocz 'djutiz
  Czy będę musiał zapewnić ochronę budynku?

■ What is your experience?
łot iz ju ik'spjeriens
Jakie jest pana/i doświadczenie?

■ Are you familiar with cleaning
supplies and equipment?
a ju fe'milje łiw 'klinin se'plajz end i'kłipment
Czy umie się pan/i posługiwać środkami i sprzętem
do utrzymywania czystości i porządku?

■ Are you familiar with practices of grounds
maintenance work?
e ju fe'milje łiw 'prektisiz ew grałndz 'mejntenens łek
Czy wykonywał pan/i czynności związane
z utrzymywaniem porządku na zewnątrz budynku?

■ Are you able to use groundskeeping equipment?
e ju 'ejbel tu juz 'grałndzkipin i'kłipment
Czy potrafi pan/i obsługiwać sprzęt do
utrzymywania porządku na zewnątrz budynku?

■ Do you have a general knowledge of the
Occupational Health and Safety Act and the
provisions that apply to this work?
*du ju hew e 'dżenerel 'nolidż ew di okju'pejszenel
helf end 'sejfti ekt end de pre'wiżenz det e'plaj tu
dis łek*
Czy posiada pan/i ogólną wiedzę z zakresu
bezpieczeństwa i higieny pracy potrzebną na tym
stanowisku?

Position description:
Zakres obowiązków:

■ Cleaning duties:
Sprzątanie:

- sweeping/ moping/waxing floors
  'słipin/'mopin/'łeksin floz
  sprzątanie/czyszczenie/pastowanie podłóg
- cleaning/dusting/washing furniture/
  equipment/ lifts/ lockers/ appliances/ tables/
  desks/ windows/ sills
  *'klinin/'dastin/'łoszin 'fenicze/i'kłipment/lifts/
  'lokez/e'plajensiz/'tejbelz/desks/'łindełz/silz*
  czyszczenie/odkurzanie/mycie mebli/sprzętu/
  wind/szafek/urządzeń/stołów/biurek/okien/
  parapetów

- cleaning/washing/disinfecting sinks/ toilets/ shower cubicles
  'klinin/'łoszin/disin'fektin sinks/'tojlets/'szałe 'kjubikelz
  czyszczenie/mycie/dezynfekcja zlewów/ ubikacji/kabin prysznicowych
- polishing and cleaning glass/ wood/metal
  'poliszin end 'klinin glas/łud/'metel
  polerowanie i czyszczenie szkła/drewna/metalu
- applying suitable polish/ solutions
  e'plajin 'sutebel 'polisz/se'luszenz
  stosowanie odpowiedniej pasty/roztworów
- emptying trash receptacles
  'emptiin tresz ri'septekelz
  opróżnianie pojemników na śmieci
- replenishing lavatory supplies
  ri'pleniszin 'leweteri se'plajz
  uzupełnianie zapasów toaletowych
- vacuuming floors/ rugs/ carpets
  'wekjuemin floz/ragz/'kapits
  odkurzanie podłóg/dywaników/dywanów
- replacing light bulbs
  ri'plejsin lajt balbz
  wymiana żarówek

■ **Groundskeeping duties:**
Porządkowanie terenu wokół budynku:

- mowing/fertilizing lawns
  'melin/'fetelajzin lonz
  koszenie/nawożenie trawników

- caring for flowerbeds
  'kerin fe 'flałebedz
  pielęgnacja kwietników

- raking leaves
  'rejkin liwz
  grabienie liści

- trimming hedges/trees/shrubs
  'trimin 'hedżiz/triz/szrabz
  strzyżenie żywopłotów/drzew/krzaków

- operating grounds maintenance equipment
  'operejtin grałndz 'mejntenens i'kłipment
  obsługa sprzętu do utrzymywania porządku

- shoveling snow and ice from pavements and
  driveways
  *'szawelin sneł end ajs frem 'pejwments end
  'drajwłejz*
  usuwanie śniegu i lodu z chodników i dróg
  dojazdowych

Questions you may ask:
Pytania, jakie możesz zadać:

■ What would my duties include?
łot łed maj 'djutiz in'klud
Co będzie wchodziło w zakres moich obowiązków?

■ What cleansing agents will I use?
łot 'klenzin 'ejdżents łil aj juz
Jakie środki czystości będę używać?

■ Will you provide me with work clothes?
łil ju pre'wajd mi łiw łek klełwz
Czy zapewnicie mi odzież roboczą?

Dotychczas w serii ukazały się: